Inhalt

Nachtalarm

Florian, der , übernachtet

heute im . Weit entfernt

donnert es. Durchs sieht

man zucken. Schlaflos

wälzen sich Florian und die

anderen in ihren .

Plötzlich schrillt die große .

„Wozu haben wir uns eigentlich

hingelegt?", grummelt Hein müde.

„Schimpf nicht, beeil dich lieber

ein bisschen", sagt Florian und

springt aus seinem  .

Er zieht  und an

und rutscht die hinunter.

Dort stehen die  bereit.

Ruck, zuck zieht Florian sie an.

Er schlüpft in die , setzt

den   auf und ist fertig.

Florian öffnet das große  .

Als Hein und die anderen

kommen, sitzt er bereits hinter

dem  . Hein greift schnell

zum des  . „Wo

brennt es denn?", fragt er. „Ein

hat in einen  eingeschlagen",

antwortet die  am  .

Sie beschreibt ihnen den .

Florian schaltet das  ein.

Wieder zuckt krachend ein

herab. Plötzlich schüttet es wie

aus  . Die  kommen

kaum nach. Als Florian das

beim  anhält, ist das

bereits von allein ausgegangen.

Trotzdem bleibt für die

noch viel zu tun. Mit  und

entfernen sie die verbrannten ,

damit sie morgen niemandem auf

den  fallen.

Dummes kleines Kätzchen

Der  schließt seine

auf. Er ist müde. „Florian, kannst

du mir helfen?", ruft das ,

das im neben Florian wohnt.

„Wo brennt's denn?", fragt Florian.

„Meine  kommt nicht mehr

vom herunter", sagt das .

„So was", sagt Florian verwundert.

Er geht mit dem  in

den  . Die  hockt ganz

oben im  und miaut kläglich.

„Wie kommt deine so hoch

hinauf?", fragt der  .

„Zilly hat ein  gesehen

und ist hinterhergejagt."

„Bleib sitzen, ich hole dich!", ruft

Florian der kleinen  zu.

 für  klettert er ihr entgegen.

Aber wie soll er sie nur vom

herunterbekommen? Er kann sie

ja nicht festhalten. Und ohne

seine  kann er nicht klettern.

Ein  wäre gut. Und ein .

Dann könnte er Zilly in den

setzen und hinunterlassen. „Jetzt

weiß ich was", sagt der

zu Zilly. „Schön still halten."

Er steckt die kleine  unter

seine und zieht den

zu. Zilly faucht, und Florian

bekommt ihre  zu spüren.

Aber sie beruhigt sich schnell.

Der  kann Zilly dem

wohlbehalten übergeben. „Und

bevor du wieder ein

jagst", sagt er zur kleinen ,

„übst du erst einmal klettern."

Florian macht Urlaub

Florian holt sich sein 🚲 und

macht die großen 🧳 fest.

Der 🧑‍🚒 hat das ⛺ ,

seinen 🛏️ , ein 🏖️

und seine 🩲 eingepackt.

Und noch einiges mehr. Florian

setzt den ⛑️ auf und radelt los.

Endlich hat er wieder mal frei.

Erst fährt er am  entlang,

dann einen steilen hinauf.

Abends erreicht Florian den ,

an dem er sein  aufstellen

kann. Ringsherum stehen noch

mehr . Der  lernt nette

 und  kennen.

Es ist längst dunkel, als Florian

in seinen  kriecht.

Aber ein paar bleiben

noch länger auf. Nachts schreckt

der plötzlich hoch.

Draußen ist es merkwürdig hell.

Ob das der  ist? Florian

schaut aus dem  . Es ist nicht

der  , der das  erleuchtet!

Jemand hat die  brennen

lassen. Sie ist umgekippt.

Der  hat  gefangen.

Schnell kriecht Florian heraus.

Er packt den brennenden

und schleudert ihn in den  .

Zischend geht das  aus.

Der 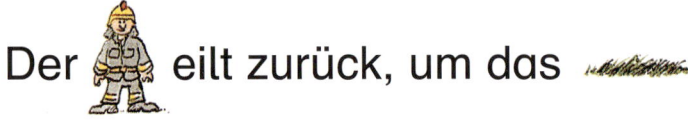 eilt zurück, um das

zu löschen. Es ist sehr dürr und

hat ebenfalls  gefangen.

Als die Ersten merken, was los ist,

hat Florian bereits alles erledigt.

„Mit einem  kann uns eben

nichts passieren", sagt ein  .

„Aber nur, wenn er rechtzeitig

aufwacht", sagt Florian.

Dann kehren alle zurück in

ihre . Und diesmal achtet

jeder darauf, dass keine

mehr brennt.

Tag der offenen Tür

Heute ist was los im  .

Überall wimmelt es von  .

Sie wollen alles genau wissen.

Der  erklärt ihnen geduldig,

wie ein  funktioniert.

Die größeren  dürfen ihm

sogar helfen, ein zu löschen.

„Wir zünden jetzt die alte

an!", ruft Florian. „Wer möchte

den halten?" Natürlich

melden sich viel zu viele .

Darunter auch ein kleiner

mit seinem  . „Tut mir Leid",

sagt Florian. „Der  ist noch

ein bisschen zu schwer für dich."

Traurig drückt der kleine

seinen 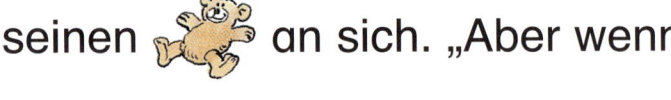 an sich. „Aber wenn

du möchtest, darfst du nachher

ins  springen", sagt Florian.

„Wirklich?", fragt der  .

„Versprochen", sagt der  .

Nachdem die  gelöscht ist,

wird das  aufgespannt.

Die dürfen von der

springen. Auch der kleine

mit dem stellt sich hinten an.

„Und – hopp!", ruft Florian dem

ersten  zu. Schon ist es sicher

im  gelandet. „Und –

hopp!", ruft der  dem

kleinen  zu. Aber er springt

nicht. „Mein traut sich

nicht", sagt er leise. „Dann musst

du ihm gut zureden und selbst

ganz mutig sein!", ruft Florian.

Der  umarmt den 🧸

mit beiden 🙌 . Dann atmet er

tief durch und springt. Er landet

sicher im 🛸 . „War's denn

schlimm?", fragt der 👨‍🚒 .

Der  schüttelt den .

„Mein will sogar noch mal",

sagt er. „Dann nichts wie rauf auf

die ", sagt Florian lachend

und hilft ihm vom .

Die Wörter zu den Bildern:

 Feuerwehr-mann

 Stange

 Feuerwehr-haus

 Stiefel

 Fenster

 Jacke

 Blitze

 Helm

 Betten

 Tor

 Glocke

 Lenkrad

 Socken

 Hörer

 Hose

 Funkgerät

 Baum

 Säge

 Frau

 Äste

 Weg

 Kopf

 Blaulicht

 Tür

 Eimer

 Mädchen

 Scheiben-wischer

 Haus

 Feuerwehr-auto

 Katze

 Feuer

 Garten

 Axt

 Eich-hörnchen

 Hände

 Handtuch

 Korb

 Badehose

 Seil

 Fahrrad-helm

 Reiß-verschluss

 Fluss

 Krallen

 Berg

 Fahrrad

 See

 Taschen

 Männer

 Zelt

 Frauen

 Schlafsack

 Mond

 Lampe

 Junge

 Tisch

 Teddybär

 Gras

 Sprungtuch

 Kinder

 Leiter

 Hütte

 Arme

 Schlauch

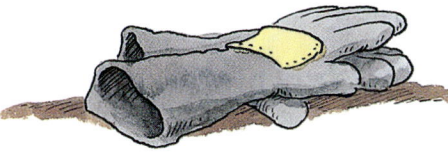

Werner Färber

Feuerwehrgeschichten

Illustrationen von Jan Birck

Die Deutsche Bibliothek – CIP-Einheitsaufnahme

Bildermaus-Feuerwehrgeschichten / Werner Färber.
Ill.: Jan Birck. – Gekürzte Sonderausg.,
1. Aufl. – Bindlach : Loewe, 2002
(Bildermaus-Minis)
ISBN 3-7855-4138-4

*Der Umwelt zuliebe ist dieses Buch
auf chlorfrei gebleichtem Papier gedruckt.*

ISBN 3-7855-4138-4 – 1. Auflage 2002
© 2002 Loewe Verlag GmbH, Bindlach
Gekürzte Sonderausgabe des 1998 erschienenen Buches
Färber, Kleine Geschichten vom Feuerwehrmann Florian
Umschlagillustration: Jan Birck
Reihengestaltung: Angelika Stubner

www.loewe-verlag.de